PUNTO Y RAYA

LOS PUNTOS CARDINALES Y LOS MAPAS

Consuelo Doddoli
Ilustraciones de Cecilia Cota

LA OTRA ESCALERA

CASTILLO

PARA IR DE UN LUGAR A OTRO NECESITAMOS SABER QUÉ CAMINO TOMAR. CUANDO VAMOS POR PRIMERA VEZ A LA CASA DE UN AMIGO, ÉL PODRÍA DIBUJARNOS UN MAPA DONDE APARECIERAN INDICACIONES COMO LAS SIGUIENTES:

Hola:

Te invito a mi casa:

1.- Sales de la escuela.

2.- En la farmacia das vuelta a la derecha.

3.- Sigues tres calles de frente y en la esquina das vuelta a la izquierda.

Además de estas indicaciones, es necesario que nos diga el nombre de la calle donde vive y el número de su casa. Con estos datos, podemos orientarnos y nos será más fácil decidir qué camino tomar. Pero cuando no hay calles ni otras referencias o pistas debemos buscar otra manera de llegar a donde queremos.

UNAS DE LAS PRIMERAS FORMAS QUE LA GENTE ENCONTRÓ PARA ORIENTARSE —Y PARA NO PERDERSE— SON LOS PUNTOS CARDINALES.

LOS PUNTOS CARDINALES:
UNA LARGA HISTORIA

Para los hombres antiguos, la observación del cielo y de la naturaleza era muy importante. Ellos pensaban que el Sol, la Luna, las estrellas, el viento y la lluvia eran seres animados y divinos, así que los respetaban y se preocupaban por mantenerlos contentos.

No es difícil entender por qué el Sol tenía gran importancia para los antiguos hombres y mujeres. Para ellos, este cuerpo celeste era la única fuente de luz y calor. Por eso, el Sol no sólo les parecía importante, sino que pensaron que se trataba de un dios. ¿Te imaginas lo que sentían las personas cuando llovía por días y días y no recibían la luz del Sol? ¿Lo que pensarían al verlo desaparecer, poco a poco, durante un eclipse total de Sol?

En la antigüedad los hombres se dieron cuenta de que todos los días el Sol sale, en la mañana, por el mismo lado, al medio día está, más o menos, sobre nuestra cabeza, y en la tarde se oculta por el lado contrario al que salió. Ellos no sabían que este movimiento que vemos desde la Tierra se debe a que nuestro planeta gira sobre sí mismo alrededor de una línea imaginaria llamada eje de rotación.

De hecho, todos los planetas giran sobre sí mismos como si fueran trompos y a este movimiento, llamado rotación, se debe que haya días y noches.

La Tierra da una vuelta completa sobre su eje en 24 horas.

Pero no todos los planetas tardan lo mismo en dar una vuelta sobre su eje. Por ejemplo, Júpiter lo hace en tan sólo 10 horas y Mercurio en 59 días; esto quiere decir que un día de Júpiter dura menos de la mitad de un día terrestre y que un día en Mercurio dura casi dos meses terrestres.

Los primeros humanos también observaron que las estrellas no se acercan ni se alejan unas de otras en el cielo nocturno. Es decir, mantienen la misma posición con respecto a las demás. Por esto, si con varias de ellas formas una figura en el cielo, esta figura no parecen cambiar aunque pasen miles de años.

Las civilizaciones antiguas agruparon las estrellas en figuras imaginarias a las que conocemos como constelaciones.

Esas civilizaciones vieron que cinco *estrellas* sí cambiaban de posición tanto entre ellas mismas como con respecto a las otras. No están fijas, sino que se mueven entre las demás. En realidad, éstas no son estrellas sino planetas, pero están tan lejos que se ven como puntos de luz.

A esas *estrellas móviles* los griegos les llamaron planetas, palabra que significa vagabundos. Los griegos también bautizaron a los planetas con los nombres de algunos de sus dioses: Mercurio, Venus, Marte, Júpiter y Saturno.

Muchísimos años después, con la ayuda de los telescopios,
se descubrieron otros tres planetas: Urano, Neptuno y Plutón,
que no se notan a simple vista.

Desde 1930, año en el que se descubrió Plutón, sabemos que el Sistema
Solar está formado por el Sol, nueve planetas, cometas, asteroides y las
lunas que giran alrededor de algunos planetas.

Sin embargo, en el 2004 se anunció el descubrimiento de lo que podría ser
el décimo planeta del Sistema Solar. Este cuerpo fue llamado Sedna,
en honor de la diosa del mar de los esquimales que viven en el norte de
Canadá y Groenlandia. Su tamaño es tres cuartas partes el de Plutón y seis
veces más pequeño que la Tierra. Está tan lejos del Sol que su temperatura
nunca llega a ser mayor que –240 ºC, es decir, hace un frío terrible.

Los astrónomos discuten si, por su diminuto tamaño, Sedna
es un planeta o solamente un planetoide.

Los planetas aparecen, en el cielo nocturno, por
el mismo lado que lo hace el Sol y se ocultan,
también igual que el Sol, por el lado contrario.

La Luna, el objeto nocturno más brillante, también sigue el mismo camino que el Sol y los planetas en el cielo. Este astro sale, en la noche, por el mismo lugar que el Sol y los planetas; en la madrugada, está aproximadamente sobre tu cabeza (como el Sol al mediodía), y en la mañana se oculta, al igual que el Sol y los planetas, por el lado contrario por donde salió.

El camino que siguen los planetas, la Luna y el Sol se conoce como Eclíptica.

Los hombres antiguos se fijaron en los puntos del horizonte por donde salen y se ocultan el Sol, los planetas y la Luna y los emplearon para orientarse. Al punto por donde salen se le llamó Oriente, palabra que significa *lugar por donde nace el Sol*. Al punto por donde se oculta el Sol, se le llamó Occidente, que significa *lugar por donde muere el Sol*.

En la actualidad, para orientarnos, utilizamos esos dos puntos y otros dos: el Norte y el Sur.

Al Oriente también se le llama Este; y al Occidente se le conoce además como Oeste. Si apuntas con tu brazo derecho hacia el Este y con el izquierdo hacia el Oeste, entonces, frente a ti tendrás el Norte y atrás el Sur. A estos cuatro puntos se les conoce como puntos cardinales.

Con los puntos cardinales puedes ubicar, por ejemplo, cualquier estado o país: los vecinos de nuestro país son: Estados Unidos al Norte, Guatemala y Honduras al Sur, el Golfo de México al Este y el Océano Pacífico al Oeste. Con esta información sabes la ubicación geográfica de México.

Saturno

Urano

neptuno

Plutón

sedna

9

Existen varios instrumentos especiales de orientación, uno de los más antiguos es la brújula. Antes de que este instrumento se usara, los marineros sólo se orientaban por el Sol y las estrellas; por lo que, los barcos navegaban siempre teniendo a la vista la costa y no se iban mar adentro por temor a perderse. En el siglo XII los marinos europeos empezaron a usar la brújula.

Este instrumento fue inventado por los chinos, hace miles de años, aunque ellos no la utilizaron para orientarse, sino que creían que con ella podían predecir el futuro. Se cree que fue llevada a Europa por los árabes, aunque no se ha podido determinar el año con precisión. Sin embargo, existen registros del siglo XI que indican que los vikingos la utilizaban para navegar.

Una brújula es una caja en donde están señalados los puntos cardinales. En su interior hay un pequeño imán, conocido como aguja. Un extremo de este imán o aguja señala siempre hacia la parte de la caja marcada con el Norte. Así podemos saber, con certeza, dónde se encuentra el Sur, Este y el Oeste sin importar si está nublado y no vemos el Sol o nos encontramos en medio del océano.

Hoy en día, la brújula es utilizada por marinos, pilotos, excursionistas y viajeros para orientarse.

De acuerdo con los puntos cardinales, nuestro planeta está dividido imaginariamente de la siguiente manera: una línea, llamada línea del Ecuador, divide a la Tierra en dos hemisferios: el hemisferio Norte y el hemisferio Sur.

Además existe otra línea imaginaria llamada meridiano de Greenwich. Esta línea divide también a la Tierra en otros dos hemisferios: el hemisferio oriental (el Este) y el hemisferio occidental (el Oeste).

Estas dos líneas se utilizan para identificar el lugar del planeta donde nos encontramos; si estamos al Norte o al Sur, al Este o al Oeste, tomando como referencia la línea del Ecuador y el meridiano de Greenwich.

Sin embargo, con estas dos líneas imaginarias de la Tierra no podemos dar con exactitud la dirección de un lugar en cualquier parte del mundo.

Por ejemplo, ¿qué pasa si queremos saber dónde está la ciudad de Guadalajara? Para esto, se inventó un sistema que consiste en trazar una serie de líneas imaginarias sobre la Tierra. Estas líneas son llamadas paralelos y meridianos y con ellas se forma una cuadrícula para localizar cualquier lugar.

A estas líneas se les identifica con un número y para saber en qué dirección debemos movernos se habla de latitud, cuando se trata de paralelos, y de longitud, para referirse a los meridianos.

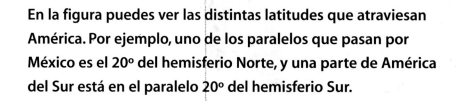

Los paralelos o líneas de latitud son líneas horizontales, como la del Ecuador. Hay un total de 180 líneas, 90 por cada uno de los hemisferios. La distancia entre estas líneas es siempre la misma.

Los paralelos se empiezan a numerar en grados a partir del Ecuador; a éste le corresponde el 0°. Como hay 90 paralelos, entonces, un lugar se puede localizar de los 0° hasta los 90° en el hemisferio Norte y de los 0° a los 90° en el hemisferio Sur.

En la figura puedes ver las distintas latitudes que atraviesan América. Por ejemplo, uno de los paralelos que pasan por México es el 20° del hemisferio Norte, y una parte de América del Sur está en el paralelo 20° del hemisferio Sur.

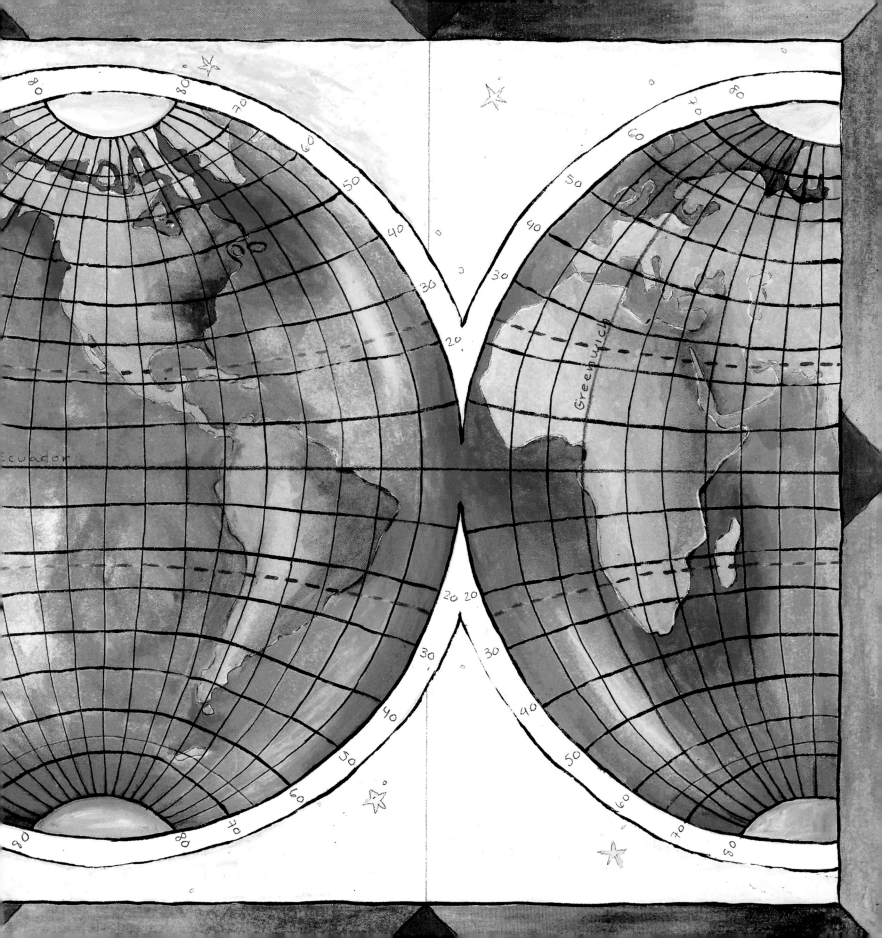

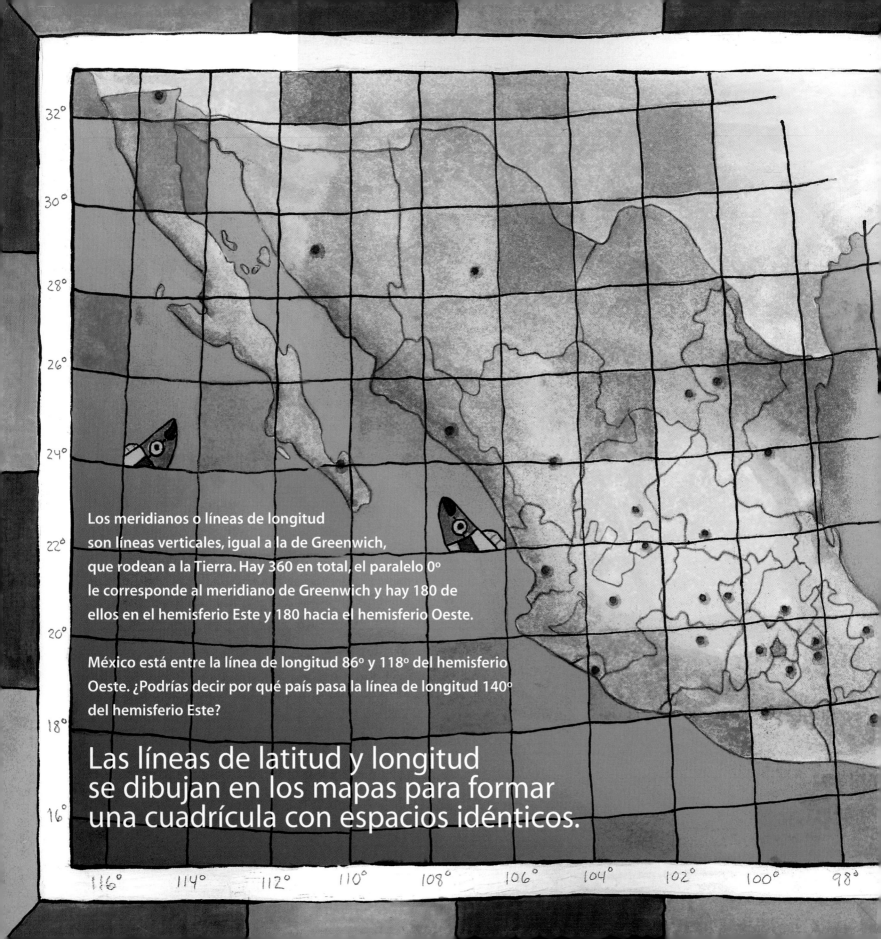

Los meridianos o líneas de longitud
son líneas verticales, igual a la de Greenwich,
que rodean a la Tierra. Hay 360 en total, el paralelo 0º
le corresponde al meridiano de Greenwich y hay 180 de
ellos en el hemisferio Este y 180 hacia el hemisferio Oeste.

México está entre la línea de longitud 86º y 118º del hemisferio
Oeste. ¿Podrías decir por qué país pasa la línea de longitud 140º
del hemisferio Este?

Las líneas de latitud y longitud
se dibujan en los mapas para formar
una cuadrícula con espacios idénticos.

A cada punto donde se cruzan las líneas horizontales y verticales les corresponde un número (grados) y una letra (punto cardinal) que indican su latitud, y un número (grados) y una letra (punto cardinal) para su longitud.

Aquí puedes observar el mapa de la República Mexicana y el punto que corresponde a la ciudad de Guadalajara, la cual se localiza a 22° de latitud Norte y 104° de longitud Oeste. ¿Podrías encontrar el lugar que tiene como latitud 23°N y como longitud 80°O?

La latitud y la longitud de un lugar son como la dirección donde vive alguien. Cada lugar de nuestro planeta, sin importar si está en el aire, el agua o la tierra, tiene su *dirección* exclusiva con la que puede ser ubicado.

Además de saber ubicarse con respecto a los puntos cardinales, la gente ha tenido la necesidad de conocer hacia dónde dirige sus pasos. Para satisfacer esta necesidad fue que se inventaron los mapas, sin duda, el instrumento de orientación más importante.

94°   92°   90°   88°

UNA MIRADA RÁPIDA POR LOS MAPAS

Los primeros mapas fueron dibujados
en el suelo. Se utilizaban símbolos para
indicar las características de la ruta
o del lugar a donde llevaba el mapa.
Aunque primitivos, eran útiles para indicar
a la gente dónde podía conseguir alimentos
y agua, o cómo regresar sin peligro a sus
hogares que podrían ser cavernas,
tiendas o cabañas.

Los chinos pintaban mapas en tela de seda y los babilonios los tallaban en tablillas de arcilla. Se han encontrado representaciones de casas, poblaciones, ríos, lagos, montañas y mares, hechas en tiras de corteza de árbol, en bloques de madera, en pieles de animales, en papeles, en barro y en metal. Estos primeros mapas representaban partes más bien pequeñas del mundo.

Uno de los primeros mapas con que se intentó representar todo el mundo conocido fue realizado en el siglo VI a. C. por el filósofo griego Anaximandro. Tenía forma circular y mostraba el territorio con el mar Egeo al centro.

El geógrafo griego Eratóstenes fue el primero en usar
la idea de trazar líneas imaginarias sobre un mapa.
En el año 200 a. C. dibujó un mapa donde usaba las líneas
paralelas para señalar puntos con la misma latitud.
En el mapa también aparecían algunos meridianos,
pero éstos tenían una separación irregular.

Los mapas actuales son representaciones planas
de algo que en realidad tiene forma esférica:
la Tierra. Los primeros mapas planos fueron
hechos en el año 150 por el astrónomo
y matemático griego Claudio Ptolomeo,
quien utilizó las matemáticas para
trasladar los puntos de la esfera
terrestre a un mapa plano.

Las personas que trabajan
dibujando mapas son conocidos
como cartógrafos. El primer
gran cartógrafo fue
Ptolomeo. Aunque sus
mapas todavía tenían
muchos errores —por
ejemplo, la extensión de tierra
que marcaba para los continentes
de Europa y Asia era demasiado grande—,
fueron usados hasta el siglo XV.

A los mapas que representan la Tierra en forma plana se les llama planisferios.

El descubrimiento de América, en el siglo XVI, cambió para siempre el aspecto de los mapas, pues el mundo ahora tenía un nuevo continente. Al parecer, el mapa hecho en 1507 por el geógrafo alemán Martin Waldseemüller fue el primero en llamar América a las tierras recién descubiertas.

El nombre de América es un reconocimiento al trabajo de Américo Vespucio, quien, bordeando las costas de Brasil, describió en sus cartas el continente que hoy lleva su nombre.

El primer mapa del territorio nacional fue realizado por don Carlos de Sigüenza y Góngora durante la época colonial, en el siglo XVII. En ese momento se le consideró como el único mapa con valor científico.

En la actualidad, el desarrollo tecnológico ha beneficiado a la cartografía en general. La fotografía área, por ejemplo, ha permitido elaborar mapas de zonas a las que es difícil llegar, como las selvas y los pantanos.

Uno de los más modernos instrumentos de orientación es el llamado sistema de posicionamiento global conocido como GPS. Este sistema consta de una red formada por 24 satélites que están en órbita alrededor de la Tierra, cinco estaciones (repartidas por nuestro planeta) que intercambian información con la red de satélites y un aparato personal que se llama GPS. Los satélites generan una señal que transmiten a los aparatos GPS con la que éstos calculan la posición de la persona en la Tierra.

Los GPS se usan principalmente para conocer nuestra ubicación en la Tierra; como podrás imaginarte para los marinos y los pilotos de avión es un instrumento muy importante.

Los GPS también vigilan nuestro planeta. Por ejemplo, con su ayuda se observan los movimientos de los iceberg y la actividad de algunos volcanes.

Uno de los grandes inventos del siglo XX son los satélites artificiales. Estos objetos se envían al espacio para que giren alrededor de la Tierra, tal como lo hace la Luna.

Los satélites artificiales son utilizados para una gran variedad de cosas. Por ejemplo, con ellos se puede ver y tomar fotografías de nuestro planeta desde el espacio. Estas fotografías son enviadas a la Tierra y con ellas se han podido hacer mapas cada vez más exactos.

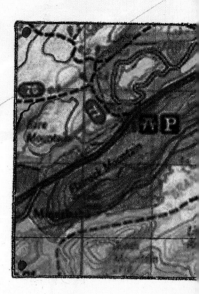

Actualmente existen mapas con temas muy especializados. Por ejemplo, hay mapas que nos muestran los climas de distintas regiones o que señalan los bosques de nuestro planeta. También hay mapas que indican dónde se encuentran las montañas y planicies del mundo e incluso se han hecho mapas de cuerpos celestes: la Luna y Marte.

En la elaboración de los mapas interviene mucha gente de distintas disciplinas, por ejemplo, dibujantes, geógrafos, fotógrafos, ingenieros, investigadores y matemáticos.

Aunque nos parezca increíble todavía hay mapas nuevos por hacer. Aunque los mapas actuales son muy exactos siempre surge la necesidad de representar nuevos fenómenos y objetos.